tredition®

www.tredition.de

AF186279

Autorin

Birgit Weimer, geboren 1962 in Königstein/Taunus, ist Mutter von zwei erwachsenen Söhnen. Seit 2005 ist sie selbstständig als Coach, Farb-, Sprach- und Lerntherapeutin in Süddeutschland tätig. Darüber hinaus arbeitet sie als Künstlerin und Schriftstellerin.

Birgit Weimer

Worte der Unendlichkeit

Lyrische Gedichte und Texte

www.tredition.de

Verlag: tredition GmbH, Hamburg

ISBN
Paperback   978-3-7345-0239-2
Hardcover   978-3-7345-0240-8
e-Book   978-3-7345-0241-5

Printed in Germany

Für dich

Lasst uns…

…friedlich leben.

…in den Sphären

der Klänge tanzen.

…die himmlischen Farben

des Paradieses sehen.

…die grenzenlose Kraft

der Freiheit spüren.

…leicht wie eine Feder

das Leben genießen.

…die Botschaft des Friedens

verkünden.

…unsere Träume erblühen

in einer neuen Dimension.

…den Hass umwandeln

in Barmherzigkeit und Liebe.

…die Natur und alle Lebewesen

dieser Erde

achten und schätzen lernen.

…den Wandel der Zeit erkennen

und neu beginnen.

Zwiegespräch

Ich lasse los,
verliere dabei nicht meinen Halt.
Ich weine,
verliere dabei nicht mein Lachen.
Ich schreie,
verliere dabei nicht meine Ruhe.
Ich rede,
verliere dabei nicht mein Schweigen.
Ich bin wach,
verliere dabei nicht meine Träume.
Ich bin verzweifelt,
verliere dabei nicht meine Hoffnung.
Ich kann alle meine
Gefühle
zulassen,
ohne mich zu verlieren.

Wegbegleiter

So wie der Wind die Bäume leicht durchstreift,

so wie die Sonne den Blumen Wärme gibt,

so wie der Regen die Pflanzen nährt,

so wäre ich gern für dich.

Jemand, der dich auf deinem Weg

begleitet,

dir Kraft und Wärme gibt.

Lebenskraft

Ich weiß nicht
wo komme ich her,
mein Leben war oft
sehr schwer.

Habe ich mir alles
selbst ausgedacht,
das wäre doch gelacht,
wenn ich mir mein
Schicksal selbst gemacht.

Oh, mein Leben,
mein Lebenstraum.
Ich habe es begriffen,
fühle mich wie ein
Edelstein geschliffen.

Strahlend Gottes Kraft

entgegennehme,

sie an andere

Menschen weiter gebe.

Dankend sie in meinem Herzen

spüren,

mich geborgen auf neue Pfade führen.

Schrei der Seelen

Wollen sich befreien,
es ist nun zu viel,
hadern mit sich,
kommen nicht zum
Ziel.

Leiden ein Leben
lang,
ach, ihnen ist so bang.

Auch die Ahnen,
ertragen nicht mehr diese
Qual
haben keine andere
Wahl.

Komm, bringt uns zum
Schrei,
dann sind wir
frei.

Gepackt, gerissen,
nach allen Seiten
geschmissen.

Geschleudert und gezerrt,
entsetzliches Gebaren.

Egal, wo immer sie
waren.
Siehst dich durch die Welten
reiten.

Durchlebst nochmals
alle Leben, alle Zeiten.

Schaffst es nicht allein,
zu groß war die Pein.

Doch jetzt,

willst du es wagen,

endlich erlöst sein,

von all den Plagen.

Nur einmal noch,

erträgst du die

Erinnerung.

Wagst es dir anzuschauen,

denn du weißt,

nur darin liegt

die Lösung.

Mit Mut und Tränen

gewagt.

Erlösung

Nachtstunden

So könnte ich noch weiter schreiben.
Sprudelnd mir die Worte
wie aus einem übervollen
Fass mit Wasser
sich in mir ergießen.
Doch nun sind die Finger müde,
die Augen werden
kleiner,
was soll ich mich heute noch mehr
mit dem
Sinn des Lebens
befassen.
Möchte mich nicht der Nacht berauben.
Morgen, denke ich wird die
Welt noch stehen,
so kann dann mein Geist
weiter meine Worte aufs
Papier ergießen.

Schweigen

Schweigen
Kann beruhigend sein
Manchmal spricht es laut

Schweigen
Erzeugt Spannung
Wirkt oft vertraut

Schweigen
Abschied fällt schwer
Ich will es nicht zeigen
Du reagierst wie bisher
Mit Schweigen

Orte

Können mich glücklich machen

Spenden Trost in schweren Tagen

Als Kraftorte

Können mich glücklich machen

Beruhigen

Als Kraftorte

Wundervoll verwunschen

Sprechen aus dem Herzen

Wecken Erinnerungen

Wundervoll verwunschen

Als Entspannung nutzen

Wecken Erinnerungen

Orte

Freund sein

Willst du wahre Freunde haben,

beginne

mit deiner Freundschaft zu dir.

Traumreise

Ist dein Tagewerk vollbracht?
Hast du alles mit Liebe bedacht,
mit Freude und leichtem
Herzen, alles getan?
Mit Dankbarkeit
die Fülle der Möglichkeiten
ausgeschöpft?
Kein Tag und keine Nacht
gleichen einander.
Deine Türen stehen weit offen
für deine Wanderschaft.
Unaufhaltsam träumst du deinen
Traum
der Träume.

Wunder

Lasst uns die Wunder
In uns selbst
Und
Anderen erkennen
Wenn wir uns treffen
Wollen wir uns
In die Augen sehen
Das Schlagen
Des anderen Herzens
Hören
Nur das Beste
Über uns
Und
Andere denken
Wissend
Das wir uns
Alle
Im Prozess
Der Veränderung
Befinden

Illegal

Zuflucht suchend

Auf irgendeinem Fleckchen Erde

Wie viele Menschen sind in Not

Zuflucht suchend

Ein Recht auf Leben

Wie viele Menschen sind in Not

Pech gehabt

Ein Recht auf Leben

Wie viele Menschen brauchen Hilfe

Pech gehabt

Ein Recht auf Leben

Menschlichkeit ein Fremdwort

Pech gehabt

Was kann jeder Einzelne tun

Menschlichkeit ein Fremdwort

Illegal

Was kann jeder Einzelne tun

Perspektive

Schreitest du langsam
deinem Ziel entgegen,
wirst du schneller sein
als ohne Ziel.

Frieden

Innerer Frieden

Sendet Frieden

Strahlt neue geläuterte Kräfte aus

Klare Atmosphäre

Wie die Energie der wärmenden Sonnenstrahlen

Reine Liebe kann wahrgenommen werden

Überschäumende Freude

Wie die Energie der wärmenden Sonnenstrahlen

Lebenslust

Überschäumende Freude

Lebenslust

Strahlt neue geläuterte Kräfte aus

Verzeihen

Ob du dir oder einer Person
verziehen hast, erkennst du daran,
dass du vor deinem
innerem Auge,
ohne Murren und Jammern,
ihm oder dir
begegnen kannst.
Dann bist du frei.
Nur dann wirst du dich
mit Lebensfreude
entfalten.

Spieglein, Spieglein

Du bist nur ein Spiegel

deines Selbst.

Ist es dir möglich,

alles in dir

in

Liebe, Achtsamkeit, Respekt

und Dankbarkeit

anzuschauen?

dein Handeln   deine Heimat   deinen Partner

deine Kinder   deine Ahnen

dein Leben   deine Vergangenheit   deine Zeit

dein Umfeld   deine Gegenwart

deinen Körper   deine Gesundheit   deine Worte

deine Gedanken   dein Gefühl   dein Handeln

So, kannst du es?

Wie willst du es dann von anderen erwarten,

wenn du es dir selbst nicht geben kannst?

Befreiungsschlag

Selbstzerstörung.

Hilfeschrei der Seele.

Wen oder was kannst du nicht akzeptieren?

Ist der Schmerz zu groß?

Hilfeschrei der Seele.

Lasse los, was dich verletzt.

Ist der Schmerz zu groß?

Ist es all das wert, sich aufzulösen?

Nur du allein kannst dich befreien.

Befreiungsschlag deines Selbst.

Selbstzerstörung.

Nur du allein kannst dich befreien.

Wen oder was kannst du nicht akzeptieren?

Überfluss

Kaum zu glauben,
aber wahr.
Leben im Überfluss
ganz offenbar.

Fast jeder kann wechseln,
seine Wäsche
am Tag und bei Nacht,
soviel er will.

Die Auswahl
ist prächtig.

Kopfzerbrechen:
Welchen Kaffee, Tee oder
all die anderen
Angebote dieser Welt
sollen uns
bereichern?

Ganz zu schweigen
von unserer Gier
nach mehr.

Säubern des Körpers
und Pflegen
ist größter Kult.

Wie war das noch früher?
Eine Seife für alles.
Für oben und unten,
für Haare und Wäsche,
fürs Haus und sowieso.

Heute ho, ho, weißt gar nicht mehr wo,
wo muss ich denn suchen,
das Richtige für mich?

Welche kostbare Zeit
verplempern wir hier?

Die Hälfte für jeden,

täte es auch,

ach, was sage ich denn.

Die Hälfte, von der Hälfte

würde wunderbar reichen.

Wenn nicht sogar bei manchen

noch weniger.

Somit wäre mehr

Zeit

für Mitmenschlichkeit.

Das wäre wahrlich für die Zukunft

ein wünschenswerter

Zeitvertreib.

Treue

Wo fängt sie an,

wo hört sie auf?

Sie begleitet uns täglich,

nimmt ihren Lauf.

Glücklich bist du nur,

wenn du bleibst auf deiner

Seelenspur.

Kannst dich nicht verbiegen,

in Frieden wiegen.

Solange die Treue zu dir,

dich immer wieder fragend hier,

dich ins Korsett zwängt,

dein Gefühl sich verfängt.

Worin liegt der Sinn der Treue?

Es bedarf da keiner Schläue.

Schau in den Spiegel,

du bist dein Treuesiegel.

So kannst du Frieden schließen mit dir,

nimmst dich nicht mehr kräftezehrend

ins Visier.

Dankbarkeit

Ist ein machtvolles Wort
Wenn die Nacht zum Tage wandelt
Du mit neuer Energie aufwachst
Dich ein machtvolles Wort ereilt
Erholt von der letzten Tages Müh
Du mit neuer Energie aufwachst
Ideen aufs Neue kommen dir
Erholt der letzten Tages Müh
Voller Freude
Ideen aufs Neue kommen dir
Beglückender Tatendrang durchströmt dich
Voller Freude
Dankbarkeit

Lebensatem

Leben ist Atem,

der uns durchströmt.

Es ist die Kraft,

die wir spüren.

Wie der Wind

mit seiner Präsenz,

uns mit jedem

Atemzug,

als himmlisches Element,

alle Ehre erweist.

Kostbares Geschenk

des Menschseins.

Atem ist Leben.

Klänge

Lockruf der Ferne,

spüre Sehnsucht in meinem Herzen.

Lockruf der Ferne,

weit, weit weg von hier.

In meinem Herzen,

schlägt der

Klang.

Weit, weit weg von hier.

Vom Planeten Erde

bis ins All

schlägt der Klang.

So mächtig

vom Planeten Erde,

bis ins All.

So mächtig

spüre ich die Sehnsucht

in meinem

Herzen.

Tor der Unendlichkeit

Durch viele, blasse und graue Tore
meines Lebens
bin ich gewandert.
Doch bei einem blieb ich stehen.
Es war so anders, so groß, so hell,
so unermesslich
schön.
Erhebend und zitternd
steige ich die Stufen
voller Demut
empor.
Getragen
von einer erhebenden
Kraft
halte ich inne.
Das Licht, welches das Tor
durchdringt, ist von solch
überirdischer Schönheit.
Ich stehe immer noch davor.

Aller Geist

ist

ein Geist,

ist

Einheit.

Was ich denke,

tue ich auch

für

meinen

Nächsten.

Existenzfragen

Schau mir in die Augen Kleiner,
sieht doch keiner.
Ich verstehe die Welt nicht mehr,
wo kommen all die Menschen her?
Habe ich das Weltgeschehen
je verstanden?
Das frage ich mich in jeder
Stunde.
Welche große Bedeutung des neuen
Zeitalters wird uns
bereitgehalten?
Morgenland
und Abendland
verschmelzen zu einem
großen Ganzen.
Die Welt wird nicht mehr dieselbe sein,
kann nicht nachvollziehen,
wie die Menschen
denken.

In meiner Welt will ich nur Liebe schenken.

Bin doch auch nur

eine Menschengestalt.

Doch komme ich mir vor, als stünde ich mit

wenigen Menschen allein im Wald.

Finde mich kaum zurecht,

werde mir und anderen kaum gerecht.

Worin steckt der Sinn,

frag mich wer ich bin?

Die Lösung steckt im

Ich bin Du

und

Du bist Ich

Das ergibt für mich

den Sinn.

Seelenflug

Wohin auch immer
im Traume
die Seelen nun fliegen.
Mögen die Weisheiten
des heutigen
Tages hier
beflügelnd
andere Sphären
beglücken.
Vielleicht zu den
Lieben,
die wartend und sehnend
den Austausch
von Himmel und Erde
als Fest
zelebrieren.
Gestärkt und mutig
wieder landen,
in einem neuen Tag.

Ich bin der Mensch, der ich in Gedanken bin

Ich bin so,

wie ich den ganzen Tag denke.

Ich richte aufmerksam

meine Gedanken

auf die tiefen

Wahrheiten

in mir.

Ich gebe mich

ihnen hin.

Wie ich im Herzen denke,

so handle ich,

so bin ich,

so werde ich,

so lebe ich.

Es gibt für mich

kein anderes Gesetz

unter dieser Sonne.

Lebensweisheit

In dem Moment,

während ich meine Gefühle wahrnehme

und sie dankend

empfange,

mir bewusst,

nur schöne,

leichte und dienliche

erhalte,

dunkle

im Nebel auflöse,

erkenne ich die

Weisheit

des

Lebens.

Erkennungsmerkmal meines Selbst

Still, aufmerksam hier sein,

nicht flüchtend,

nicht in Ungeduld

verzagend.

Mein Dasein von Anfang

bis Ende,

als Gast auf Erden

dankend würdigen.

Als Dienerin

der absoluten, bedingungslosen

Liebe.

Gewillt, als Botschafter

zu vermitteln.

Dort, wo die

Schatten und Nebel

am dichtesten

sind.

Da lass ich es lodern,

das strahlende Licht

der Vollkommenheit.

Voller Inbrunst

sprüht

mein Herz,

die Liebe wie ein

Vulkan,

von himmlischen Mächten

entfacht.

Die lichtvollen

Kräfte erschüttern jene,

die nicht willens sind,

sich zu erinnern.

Nur die Demut sucht sich den leuchtenden

Pfad der Erkenntnis

und breitet den samtenen

Teppich

der Weisheit

aus.

Wirklichkeit

Wann wurde die Würde des Menschen,
in allen Zeiten
gewürdigt?

Wo finde ich die Wunder
dieser Welt?

Wie kann ich es wagen,
mir den Kopf darüber
zu zerbrechen?

Warum will ich wissen,
wieso wir als
Mitwirkende,
so bedeutsam für diese
Welt
sein wollen?

Wer sagt mir,
wann finden wir alle den Weg
der inneren
Weisheit?

Wieso wollen wir alle
das Gleiche und warten
bis es zu spät ist?

Weshalb bin ich hier?

Um des Friedens Willen
mitzuwirken.

Auf meine Art!

Seelenfreude

Wiegend bewegt vom Gezeitentanz,
wirst umhüllt vom Sternenglanz.

Hellste Lichter – Farben – Pracht,
berührt deine Seele Tag und Nacht.

Umarmt von deinem Sein,
bist du nie allein.

Worte

Hängen aneinander gereiht,
ihnen ein sonniges Gemüt verleiht.
Als seien es Trauben voller Süße,
senden mir klangvolle Grüße.
In Reih und Glied,
wohltuend erzählen sie
ihr Lied.
Immer wieder ergibt es
den gleichen
Sinn.
So wie ich mit jeder Seele
in Berührung bin.
Den wahren Gehalt betrachte,
auf den Sinn des Wortes achte.
Das Licht in ihm erkenne,
den Sinn
des Lebens benenne.
Liebe ist das Schlüsselwort
für alles Leben
an jedem Ort.

Augenblick

Schau in deine Augen,
sehe das Wunder
dieser Welt.
Liege in deinen Armen,
spüre die Liebe
meines Selbst.
Du bist mein
Spiegel.
Schmecke ich deinen
Kuss,
verrät er mir
die Süße
des Lebens.
Rieche ich an deiner
Haut,
vermag ich zu staunen,
was meine
Sinne mir schenken.
Dankbar für diesen
Augenblick.

Kritik

Dankend,

für scharfe Kritik,

die mich in den

Schlund

der Dunkelheit

zieht,

um anerkennend

dort sehnend,

mich immer wieder

daran erinnere,

mein Gesicht

der Sonne

zu zuwenden, um zu

tanken.

Erfahrung

muss nun mal jeder sammeln,
um den Wert seines Lebens zu erkennen
auf dieser Welt
muss nun mal jeder sammeln
Gleichheit für alle
auf dieser Welt
ob schwarz, rot, weiß oder gelb
Gleichheit für alle
Selbstverständlichkeit
ob schwarz, rot, weiß oder gelb
Kinder der Erde
Selbstverständlichkeit
Erfahrung
Kinder der Erde

Neue Pfade

Neugierig wandle ich auf neuen

Pfaden,

die keine Spuren haben.

Mit der Schöpferkraft

in meinem Herzen

aufs

Neue gestärkt.

Übe ich mich weiterhin

in Geduld, Demut und

Dankbarkeit.

Achtsamkeit

So fordere ich

meine Achtsamkeit heraus.

Achte auf alles was

ist.

Auf den Spuren der

Erkundung,

um

die Kostbarkeiten

allen

Lebens

zu begreifen.

Wege nach innen

Entdecke dich in einer neuen
Wirklichkeit.
Erfahre und erlebe
reine Energie,
die nur aus
Lichtwellen bestehen.
Flammendes Licht
verwandelt unsere Erde.
Dein äußeres Leben
wird zum
Traum.
Dein Inneres
kann erwachen.

Vertrauen

Auf einem Ast
ein Vöglein sitzt,
so frei und fröhlich,
unbedarft.

Es lässt sich treiben,
von den Jahreszeiten.
Ohne einen Gedanken zu verschwenden,
das dieses Erdenleben
wird irgendwann enden.

Sich nicht bewusst,
in Gottes Liebe eingehüllt,
vertrauensvoll sein Leben
lebt.
Selbst in Gefahren,
auch wenn die Erde bebt.

Seine Bedürfnisse,
werden alle Zeit gestillt.

Was für ein wunderbares
Bild.
Ein Vöglein sitzt auf einem Ast.
So frei und fröhlich,
unbedarft.

Frühling

Oh inniger Ruf des Waldes,
ich höre dein Seufzen am Bach,
es war ein harter Winter,
mit allem „Weh und Ach."

Leise, vernehme ich den
lockenden Vogelgesang.
Die Luft erfüllt mit würzigem
Duft.

Glücksgefühle steigen in mir hoch,
gestärkt in meinem Willen,
„Neues" zu beginnen.

Wie wahr,
der Frühling ist da.

Schöpfung

Sobald du verstehst,

dass alles Leben

ein ineinandergreifendes

Element

darstellt,

erkennst du die

Schönheit

der Schöpfung,

nimmst

das Leben

als Geschenk

wahr,

sehnst

dich

mehr und mehr,

die lichten Seiten

des Lebens

zu fokussieren.

Freunde

Ein wahrer Schatz.

Erkennungsmerkmal?

Tja, das willst du jetzt wissen?

Ein wahrer Schatz.

Gehen mit dir durch dick und dünn.

Tja, das willst du jetzt wissen?

Bist du ein Freund deines Selbst?

Gehen mit dir durch dick und dünn.

Geh auf die Suche.

Bist du ein Freund deines Selbst?

Hast du zu dir selbst gefunden?

Geh auf die Suche.

Freunde

Hast du zu dir selbst gefunden?

Erkennungsmerkmal?

Freiheit

Frei fliegen wie ein Vogel
für Gerechtigkeit.
In der Ferne wird uns Vergangenes vieler Orte,
von verhängnisvollen Folgen,
von Folter und Verfolgung an der Menschheit
vorgeführt.
Fort damit.
Freiheit
soll durch unsere
Adern
fließen.

Zeit

ach du liebe Zeit

zerrinnst mir durch die Finger

Schaffenszeit

ach du liebe Zeit

Erholungsphase

Schaffenszeit

freie Zeit

Erholungsphase

wer bestimmt mein Leben

freie Zeit

Wichtigkeit

wer bestimmt mein Leben

Zeit

Wichtigkeit

zerrinnst mir durch die Finger

Tagesablauf

Tag ein Tag aus,

tanze ich durch tiefe Täler,

tauche auf

und befinde mich vor goldenen

Toren

wieder.

Türe auf, Türe zu.

Toleriere Themen, die nicht meiner

Toleranz entsprechen.

Trinke Tee,

lasse Tagesthemen

leicht vorbei tanzen,

träumend

in tiefer

Trance.

Total taub,

auf beiden Ohren

tanke im Tiefgang des Seins,

meine Treue zu mir selbst auf.

Schuld oder nicht Schuld

Voran die Verantwortlichen,
danach die Unwissenden.
Wer steht nun vorne an?
Wer hält die Position?
Sind wir nicht alle verantwortlich
und unwissend
für all das Drama?
Keiner kann seinen Kopf
aus der Schlinge ziehen.
Alle kaufen wir alles,
was uns billig schien.
Woher die tollen Preise
für unseren Konsum?
Jetzt erwischt' s uns alle,
wie ein mächtiger Monsun.

Liebeslied

Leise höre ich meine
Melodien
in mir.
Mal kraftvoll, rhythmisch, wild
und manchmal zart.
Dann und wann
auch ungehalten laut.
Schreibe mir mein eigenes Lied.
Tröste so mein Herz.
Vergesse den ganzen Aufenthalt,
suche die Wege der Sackgassen in mir auf,
um ungebremst die Löcher des Aufbruchs
zu durchbohren.
Nun sind sie frei,
ich starte durch,
egal wohin diesmal
meine Wege
führen.

Erdenbürger

Oh mein Kind,

du hast dich für mich entschieden.

Will dir das Leben zeigen,

mich vor dir verneigen.

Menschenleben von all seinen Seiten.

Nein, ich ahne es!

Du wirst es mir zeigen,

wie man Leben leicht

und unbefangen lebt.

Ohne Groll und Widerwillen,

ohne Hass und Angst,

nur die pure Liebe spüren,

wonach du verlangst.

Entscheidung

Welche Qualen des Lebens und der Schmerzen muss eine Menschenseele erleiden, um die einzigartige Stufe der existenziellen Demut zu erreichen?

Bis wir erkennen, dass die Materie keine Macht über uns hat, sondern nur die Kraft der absoluten Liebe, die sich über alles erhebt.

Leider, wählen viele den schwereren Weg des Daseins. Nach dem Motto: Nur der, der leidet, der ist bereit zu lernen.

Es dürfen jedoch keine Wut und kein Hass entstehen, auf Nichts und Niemanden. Jeder hat die Wahl und die Freiheit.

Die Zeit die wir brauchen, um uns und anderen zu verzeihen, bestimmen wir selbst.

Wir müssen, die Gefühle des anderen immer mit berücksichtigen.

Das ist wohl die schwerste Lektion.

Meeresblick

In brausendem Getöse,

schäumend das Wasser

aufgewühlt,

manches Mal sich zähmen

lässt,

sich wie Seide anfühlt.

Es reinigt so manche

Menschenseele.

Wie wunderbar sind die

Naturgewalten.

Ihr Menschen seid achtsam,

um sie zu erhalten.

Ursprung des Lebens

Das Meer
Der Beginn
Allen Ursprungs

Der Mensch
Zurück in die Zukunft

Die Liebe
Entdecken des Absoluten
Sein

Das Glück
Begreifen

Den Frieden
Leben

Jetzt

Sternenmeer

Aus Sternenstaub

entstanden.

Still ist es,

stumm

in dir.

Stets streift ihr

strahlend,

zeitlos

im

Sternenglanz.

Staunend

du

in

aller Stille.

Schritt für Schritt

Wie Mahnmale stehen sie,
die Schrecken des Lebens.
Aller Zeiten, aller Orte,
wieder und wieder
Erfriere im Schatten,
weiß Bescheid.
Die Lösung liegt nahe,
wende mich ab.
Mit jedem Schritt
gehe ich der Demut entgegen.
Voller Dankbarkeit
ruhe ich in mir.
Genieße mein heutiges Glück
mit jedem Atemzug der Zuversicht.
Mit jedem Schritt
bin ich in Frieden.
Lebe in Liebe.
Mit jedem Schritt, den ich gehe,
weiten sich die Flügel
meiner Seele.

Farbenspiele

Ob Blau, Rot oder Gelb,
ob Meer, Himmel oder Blumen.
Ich kann dir alles malen.

Doch zählen meine Farben und Formen
nicht.

Der Betrachter soll entscheiden,
was er in sich aufnehmen will.
Nur so bringst du sie zum
„Schillern und Vibrieren"
In deinem Herzen allein.

Ruft Erinnerungen wach,
manch schöne oder traurige
Zeiten.
Wird alles neu durchleuchtet,
entsteht
ein farbenfrohes, neues Bild
in dir.

Befreiungsschlag

Selbstzerstörung.

Hilfeschrei der Seele.

Wen oder was kannst du nicht akzeptieren?

Ist der Schmerz zu groß?

Hilfeschrei der Seele.

Lasse los, was dich verletzt.

Ist der Schmerz zu groß?

Ist es all das wert, sich aufzulösen?

Nur du allein kannst dich befreien.

Befreiungsschlag deines Selbst.

Selbstzerstörung.

Nur du allein kannst dich befreien.

Wen oder was kannst du nicht akzeptieren?

Rot

Lässt mich an Hitze denken

Gibt mir dann und wann Kraft

Schafft Leidenschaft

Lässt mich an Hitze denken

Feuer und Blut vereint deine Farbe

Schafft Leidenschaft

Zuviel erzürnt die Sinne

Feuer und Blut vereint deine Farbe

Warnung

Zuviel erzürnt die Sinne

Ein Rausch der Gefühle

Warnung

Rot

Ein Rausch der Gefühle

Gibt mir dann und wann Kraft

Freude bewahren

Schöpfe aus dir selbst
die Freude.
Wissend um das große
Glück
in dir.
So kannst du leben in diesem
Moment, was in der Tat
noch nicht vollendet.
Nimm gelassen hin,
was nicht nach Freude
schmeckt.

Wehen der Wut

Ich atme ein, meine Wut

Atme ein, meine Wut

Meine Wut

Wut

Sie wird zu Glut

Wird zu Glut

Glut

Ich renne nicht mehr weg

Nicht mehr weg

Weg

Ich halte inne

Halte inne

Halte

Ich schau sie an

Schau sie an

Schau

Ich puste aus

Puste aus

Puste

Ich gebe ab

Gebe ab

Gebe

Braucht keiner mehr

Alles darf raus

Braucht keiner mehr

Alles darf raus

Ich atme ein

Atme ein

Atme

Frieden, Kraft, Ruhe,

Liebe

Atme ein

Lass dies in mich hinein

Mich hinein

Hinein

Die dunkle Wolke der Wut

Löst sich auf in Wohlgefallen

Jetzt ist's gut

So gut

Gut

Sehnsucht

Der Sehnende sucht
Im Schatten und Licht
Findet es nicht
Sucht sehnend
Sucht
Sehnende Sucht
Sehnsucht

Jetzt

Leben

Den Frieden

Begreifen

Das Glück

Sein

Entdecken des Absoluten

Die Liebe

Zurück

In die Zukunft

Der Mensch

Allen Ursprungs

Der Beginn

Das Meer

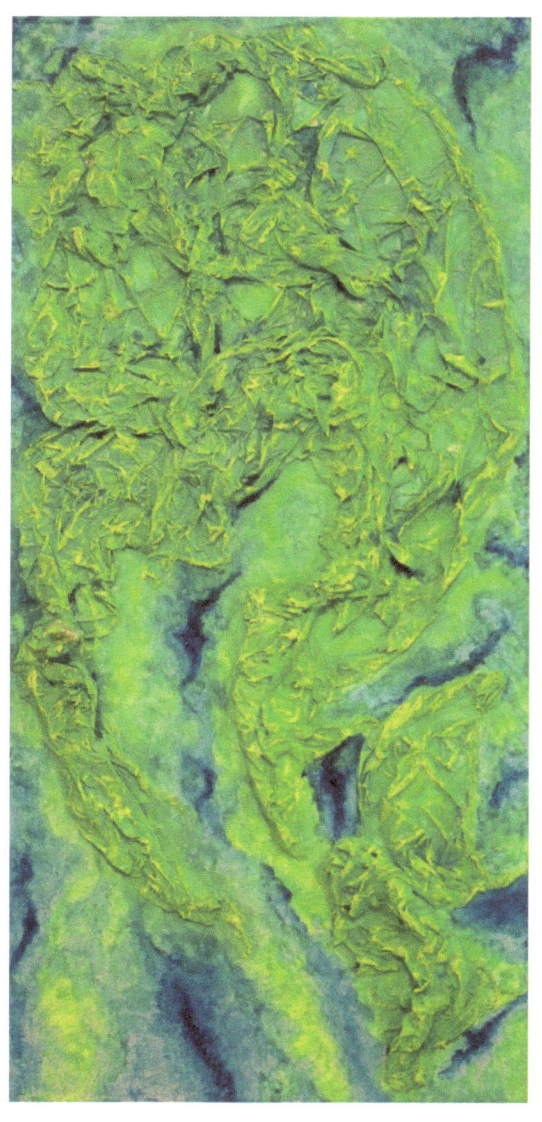

Kindheit

unbefangene Zeit

ohne Sorgen

wünschenswert

unbefangene Zeit

unbeschwert die Tage leben

wünschenswert

kann mich frei entfalten

unbeschwert die Tage leben

träume deine eigene Welt

kann mich frei entfalten

Traurigkeit mir sehr missfällt

träume meine eigene Welt

Kindheit

Traurigkeit mir sehr missfällt

ohne Sorgen

wünschenswert

Eile

bin in Eile

muss schnell fort

wohin des Weges

von Ort zu Ort

muss schnell fort

komm nicht zur Ruh

von Ort zu Ort

tragen mich meine Beine

komm nicht zur Ruh

auf der Suche nach mir

tragen mich meine Beine

gefunden

auf der Suche nach mir

bin in Eile

wohin des Weges

Endlos

Endlos erscheint mir die Zeit
an manchen Tagen
jedoch dann und wann
ist sie all zu kurz
an manchen Tagen
komm endlich zur Ruh
sie ist doch allzu kurz
erkenne die Zeit der Ewigkeit
komm endlich zur Ruh
Zeit der Langsamkeit
erkenne die Zeit der Ewigkeit
Unendlichkeit
Zeit der Langsamkeit
endlos erscheint mir die Zeit
jedoch dann und wann
allzu kurz

Lebensmut

Kann es nicht lassen
Flut der Gedanken
In meinem Kopf

Meiner Seele
Freien Lauf lassen
Befreien

In Liebe leben
Leben annehmen
Sich verzeihen

Inbrunst spüren
Flucht beenden
Ankommen

Ruhe finden
Ordnen
Mutig neue Wege gehen

Magischer Raum

Mit meinem Geist reisend

Zum Ort

Des Herzens

Magischer Raum

Springbrunnen des Lebens

Höchste Stufe der Kraft

Erneuerung

Ort des Wandels

Aller Widrigkeiten

Entscheidungsort

Treffpunkt der Liebe

Folgend der Stimme des Herzens

Dann bin ich eins

Mit dem Herz

Der Erde

Ich

danke

allen

Menschen,

die

mir

bis

jetzt

begegnet

sind.

FSC
www.fsc.org
MIX
Papier | Fördert
gute Waldnutzung
FSC® C083411

Zeitfracht Medien GmbH
Ferdinand-Jühlke-Straße 7
99095 Erfurt, Deutschland
produktsicherheit@kolibri360.de